大展好書　好書大展
品嘗好書　冠群可期

彩色圖解
太極武術
15

精簡吳式太極拳

《36式拳架、推手》

柳恩久

主編

大展出版社有限公司

作者簡介

柳恩久，生於1922年，遼寧盤山人。1948年參加革命，1985年5月離休。1999年被國家體育總局武術管理中心授予武術七段。

柳恩久是吳式太極拳第四代傳人。自幼喜愛武術，13歲時，在老師指導下，開始習武。青年時曾學過武當拳、八極拳、形意拳、八卦掌。1957年5月，從師孫紹曾習練太極拳。1970年6月拜李玉林老前輩的高徒田芝年為師學習吳式太極拳。

1981年春，經李秉慈、李經梧二位老師引薦，有幸得識北京吳式太極拳北方掌門人王茂齋先生的親傳弟子楊禹廷老前輩。當代吳式太極拳的巨擘楊禹廷大師，武德高尚，技藝精湛，為人誠信謙和，平易近人，深深地感染了他。多次提出拜師入門，無奈楊老已關門多年，不再收徒，遂引薦給其師弟曹幼甫。曹老也是王茂齋親傳弟子，十分謙虛也不肯收徒。柳恩久鍥而不捨地追隨曹老四、五年之久，直至楊禹廷大師1982年仙逝後，經李秉慈、翁福麒先生介紹，終於在1986年才幸拜吳式太極拳第三代傳人曹幼甫老師的門下。曹老為人性格直爽，表裏如一，武功深厚，含而不露，教授徒弟，從不保守。經其精心教導，柳恩久技藝大為增進。

從60年代起，在國家體委提倡全民學練太極拳活動以來，柳恩久自覺自願地義務教授太極拳、太極劍、太極推手。40多年來，舉辦各類太極拳學習班、輔導員培訓班、教練員提高班和太極推手學習班等200餘次，學員逾萬人，培養出了輔導員和教練員近百人。為使吳式太極拳後繼有人，發揚光大，20多年分批收了入門弟子和再傳弟子200餘人。

柳恩久多年來一直為太極拳事業盡心盡力地工作，成績突出，2001年被吉林省體總、武協、長春市體總、武協授予武術事業特殊貢獻榮譽稱號。

柳恩久從事太極拳研究工作幾十年，對太極拳理論與實踐體會很深，雖年已過八旬，仍耳聰目明，思維敏捷，精神飽滿，身輕體健，寒暑不避，習武不斷，授拳不輟，筆耕不停。繼續寫書立說為太極拳事業奮鬥不息。

前　言

　　太極拳，是中華武術的瑰寶。吳式太極拳，是太極拳的主要流派之一，流傳甚廣，深受國內群眾、海外僑胞和外國友人的喜愛，尤其在東亞地區更顯示旺盛生命力。

　　吳式太極拳，是滿族人全佑（1834—1902）在楊式太極拳基礎上創立並傳授其子吳鑑泉、徒弟王茂齋。此後，吳鑑泉傳授徐致一、吳英華等；王茂齋傳授楊禹廷、曹幼甫等。百餘年來，經過幾代大師們精心研究、探索和實踐，終於形成了「輕靈柔化、緊湊舒伸、斜中寓正、川字步型」的風格特點。吳式太極拳的拳架適中，並以柔化見長，是健身祛病、延年益壽、防身自衛、技擊性很強的好拳種。無論男女老少，人人皆可演練。

　　為了全民健身需要，我們編著這部《精簡吳式太極拳》一書，以獻給廣大讀者和太極拳愛好者。其主要特點如下：

　　1. 本書創編精簡36式，不但做到「去繁就簡」，而且繼承發揚了吳式太極拳的優良傳統和風格。由於演練一次傳統套路需25～30分鐘，且重複架式過半，因此本書去繁就簡，從傳統套路中取36個主要架式，按「易、難、緩」排列順序，編成此套路36式。並繼承發揚了吳式拳的「斜中寓正」身法、「川字步型」步法和「變換於實腿、發勁合於重心腿」等「輕靈柔化、緊湊舒伸」特點，以加大演練者運動量，提高練功質量。

　　2. 本書編著的套路36式，改變了傳統套路中「六腳」、「四虎」、「五捶」等架式分散在其它拳架的情形，將它們編排在一起，形成「六腳」、「四虎」、

「五捶」大連環，以增加演練難度。演練該套路時，應做到：有進有退、進退自如，有左有右、轉換靈活，左顧右盼、十分得體。這使其不但具有實用價值高、技擊性強的特點，而且使人達到「意想神領腰隨動，旋轉自如興趣生」的境界。

3. 本書創編的套路36式，從演練方式看，其時間可分為快、緩、慢；其拳架，可分為高、中、低。它們互相對應，融為一體，各有特色。快練，需二、三分鐘，為高式拳架，適於推手和對練；緩練，需五、六分鐘，為低式拳架，適於競賽和表演；慢練，需九、十分鐘，為中式拳架，適於中老年人健身。

4. 本書創編的套路練法，為適應當前廣大群眾的生活節奏加快、時間觀念增強等特點，以及喜愛太極拳演練、交流的人們越來越多等情形，有關內容體現出了多樣性特點，不僅包括太極拳36式，而且還包括吳式太極推手及36勁，以供廣大愛好者演練參考。

本書在編著過程中，承蒙北京市吳式太極拳研究會會長李秉慈先生、常務副會長翁福麒先生的指導幫助，以及各界朋友的大力支持，在此表示衷心感謝！

隨著吳式太極拳在國內外日益普及，對其理論和實踐的研究與探索也在不斷發展成熟。我們深知本書不可避免會存在不足之處。真誠地希望有關專業人員、專家學者、太極拳愛好者和各界人士不吝指正，以便進一步修改完善。

深悟淺解太極拳

1．太極拳，創始於清初。乾隆年間（1736～1795），山西民間武術家王宗岳，用《周子全書》闡發《易經》太極陰陽的哲理，並用來解釋拳理，寫成《太極拳論》（原名《太極拳譜》。亦有稱《太極拳經》）。

2．太極是宇宙的原始狀態。含陰陽二氣，為萬物發生的起源。太極拳的取名也有此意，即含有陰陽動靜變化之意。

3．練太極先講陰陽，陰陽生於太極，太極本無極，而陰陽之母。太極拳處處分虛實、陰陽。

4．太，大也。極，樞紐根底之謂。太極為大地萬物之根本。

5．太極拳勢，乃同陰陽學說天為陽、地為陰，男為陽、女為陰，上為陽、下為陰等論相似；動者為陽、靜者為陰，出手為陽、收手為陰，進步為陽、退步為陰，剛勁為陽、柔勁為陰，手足之伸為陽、屈為陰，分為陽、合為陰，開展為陽、收斂為陰，身軀仰為陽、俯為陰，升為陽、降為陰等。

6．太極圖呈圓形。太極，互相對立著的兩個方面，含陰和陽兩個半弧形，是雙魚圖形。太極拳採用這個名稱，象徵著太極拳是圓轉的、弧形的，一陰一陽乃寓意剛柔相濟的拳術。

7．練太極拳自始至終都要用太極哲理作為指導思想，因地制宜地隨著事物的變化而變化，不要違背這個規律。

8．太極拳顧名思義，是採取我國古典哲學」陰陽學說」而命名的，是包含陰陽對立面的統一體。陰陽指的是：開合、虛實、呼吸、順逆、剛柔、快慢、曲直、化打、沾走等等。一動一靜，互為其根，合乎自然，此為太極拳術奧妙之處。

9．《王宗岳太極十三勢歌》、《武禹襄太極拳論》及《太極十三勢行功心解》等論著，是太極拳史上前輩們經過長期刻苦鑽研總結提煉出來的經驗結晶。

10．太極拳術是由拳架和推手兩部分組成的，太極拳架是基礎。五大流派太極拳架的招式和趟路，都嚴格地按照虛實開合編排而成，都十分強調「用意」，在意識的引導下，使呼吸和動作緊密地結合起來。

11．太極拳是內家拳，主柔，柔寓於內——先練精、氣、神；外家拳，主剛、勁顯於外——先練筋、骨、皮。

12．太極拳理屬內家拳種，因此，八卦方位與人體對應各有其竅，而每竅在人體經絡臟腑中又各有其位。這樣在太極拳運動中，以意行氣，按竅運身，意到氣到，氣到勁到，這就是太極拳內練要義的根本所在。太極拳的動作，是聽命精氣的進退。升降動作，必須使精氣不斷的動。要像水波的蕩漾一般川流不息。呼吸也要綿綿不斷，順其自然。

13．練太極拳要「以心行氣」、「以氣運身」，鍛鍊日久，方能得心應手。要請師父心傳口授引導入門。習拳貴在持之以恆而不間斷，便是「師傅領進門，修練在個人」，「拳藝無止境，實踐出真功」。

14．十三勢的意義，並不是說太極拳的姿勢只有十三個，而是根據它的動作和姿勢的方向來說的。把東、西、南、北四個正方向和東南、東北、西南、西北四個斜角的方向加在一起，其數得八，就把它比喻成八卦（乾、坤、離、坎、震、艮、兌、巽），而太極拳的手法所運動的方向，均不出此八方；其步法的運動，又皆離不開前進、後退、向左、向右、中定等五種方式，也就把它比喻成火、水、木、金、土五行。掌運八方，足行五步，將八卦與五行加起來合數等於十三，十三勢之名即由此而來。學練太極拳者，對太極拳的十三這個基本法則不可輕視，務須認真學習和嚴肅對待。

15．太極拳理法縝密，極為精奧，學者必須專心致志，細心揣摩，不斷深入研究則情趣日濃，方能持之以恆。學習太極拳，旨在內外兼修，內則修身養性，外則鍛鍊體魄，進而陶冶性靈，益壽延年。

16．練習太極拳，不可能一蹴即得，在教或練的過程中，必須分兩個階段：第一階段是練外形，學習拳架，注重身法，才能靈活、協調、動作一致，達到外三合的地步；第二階段是練內形，亦稱內勁。先要以意識作指導，漸漸練成意、氣、力內三合。

17．拳經指出：要重視對太極拳術的學習，指出學習的途徑是由走架而達到著熟，由推手而獲得懂勁，則必須精於鑽研太極陰陽的理論，勤於練習制化沾走之實踐。

18．太極拳從名字的含義來講是有柔有剛，有輕有重，有快有慢，既要練習四兩撥千斤，又要練習「渾身合力千斤」。

19．功架是練好太極拳的基本要素。速度是打好太極拳的第二要素。呼吸配合拳架是練好太極拳的第三個要素。意念是練好太極拳的第四個要素。

太極拳是功技合一的內家拳，有功無技難稱藝，有技無功渾身空。要練成真正功技合一的太極功夫，特別要注意在呼吸、功架、意念及速度上下功夫，使之達到高度協調統一。

20．要時刻留心自己的腰脊部位，動作做到「以腰為軸」。小腹的丹田部位，要鬆靜鼓蕩而不可緊張或閉氣，使內氣有騰然生發之感。尾閭骨要相對地保持中正之勢，身姿正直，從而使神氣能上貫頭頂，頭部也要向上頂起，這樣全身才能輕靈利活。

21．對於運動過程中的虛實變換，必須做到全神貫注，呼吸要順暢，以使內氣能沒有絲毫阻滯地周流全身。太極拳一舉一動，其根在腳，發於腿，主宰於腰，形於手指。由腳而腿、而腰，總須完整一氣，向前退後乃能得機得勢。

22．太極拳術當行功時，其各姿勢一動一靜相間，其拳術之動者，前後左右。上下均有陰陽虛實可循，故動之則分陰陽，靜之則心神合一。

練拳時不用後天之拙力，則周身自然輕靈。一舉手一投

足，處處均應任其自然，而不應有任何使用拙力的地方，這樣全身才輕靈。

23．習太極拳者，須悟太極之理。欲知太極之理，於行功時，先要提起全副精神，外示安逸，內固精神，氣勢騰挪，腹內鼓蕩。

24．太極拳術「以心行氣」，「以氣運身」。通過源動腰脊，纏繞圓轉的螺旋式運動，達於手足尖端，使全身內外各部位的動作協調。

25．習練太極拳，各部位姿勢要求：

（1）心靜用意，身正體鬆。

（2）由鬆入柔，柔中寓剛。

（3）弧形螺旋，中正圓轉。

（4）源動腰脊，勁貫四梢。

（5）三尖六合，上下一線。

（6）虛領頂勁，氣沉舟田。

（7）含胸拔背，落胯鬆腰。

（8）垂肩沉肘，凸掌舒指。

（9）屈膝圓襠，骶骨有力。

（10）眼隨手轉，步隨身換。

（11）速度均勻，輕沉兼備。

（12）內力外發，呼吸協調。

26．推手時要放鬆，攻和防均如此，才能逐漸練出一股勁來。太極拳術常以小力敵大力，無力禦有力，弱勝強，柔制剛，為其主旨。

27．兩人推手是產生矛盾和解決矛盾的過程。運勁太過則生頂抗之病，運勁不足則生丟、偏之病。要避免頂、偏、丟、抗四病的產生。推手最關鍵的是要在沾、黏、連、隨四法上下功夫。推手不要用勁太過，太過則發生頂撞。不要不及，不及則發生脫離或偏差。

28．推手要根據客觀情況的變化來屈伸。或進退，不可盲

動。人屈我伸，人伸我屈；對方進一寸我退一寸。退少了成為「頂」，退多了成為「丟」。

29．敵用剛襲，我以柔化之，謂之走。敵剛我柔，敵力失效，謂之背。敵背我即順，趁其勢而黏之，無不克矣。

30．從理論上講，柔能克剛，剛也能制柔。太極拳主張「柔中寓剛」、「剛柔相濟」。沾與走都要以柔為主，柔久則剛在其中。沾好像膠水、生漆沾物一樣，沾走相生，剛柔相濟，這是推手的重要原則。

31．對方用剛勁打來，我以柔勁引化，這叫做「走」。我順勢沾隨，迫使對方陷於背境，這叫做沾。與人相接相黏時，隨彼之動而動，彼屈我伸，彼伸我屈，與之沾合，不丟不頂，不使有稍過之弊。

32．推手時全憑精神貫注，虛實變化得巧，虛實在推手中表現為一守一攻，或一空一實，這裏的空，是指我以虛迎對方的實，使之發力落空。推手中，自己要虛中有實，實中有虛，還要掌握對方虛實的情況，才能有的放矢。

33．推手時，要「內固精神」、「外示安逸」、「神舒體靜」。用形象說明推手，就是運動要「如抽絲」，勁力勻長，連續不斷；步行要「如貓行」，從容輕靈而又柔韌；腰部是關鍵要如「車軸」左旋右轉，潤滑無滯。行氣有如「車軸」輪轉不息，深緩細長，斂入脊骨。

34．只有懂勁才能從心所欲，而其關鍵在於捨己從人，以虛靜為本。懂勁後不須用著，只須用勁。愈練愈精。以至以氣代意，以意用勁，無勁非招，無招非勁。由橫勁漸至變化，用勁愈久，則豁然貫通而神明矣。

35．太極拳的借力發人，就是利用重心、平衡、慣性、槓桿、合力、力偶、反作用力以及圓周運動等等力學原理，借以達到以小制大、以柔克剛的目的。

36．太極拳術的高妙，不在於力大手快，而在乎善於運用遇敵之計，使人不知我，我獨知人，從而有四兩撥千斤之巧。

練好太極拳的三個階段

初級階段

（一）基本功練習

任何武術演練，均離不開基本功。太極拳演練，其基本功更為重要。這是由於太極拳運動首先要求放鬆。如果沒有很好基本功，就達不到放鬆目的，更做不到「舒伸緊湊」。因此演練太極拳，必須先從練基本功開始。其主要包括：

1.壓　腿

壓腿分正壓腿和側壓腿：

正壓腿，即將支撐腿直立，腳尖向前。另一隻腿的腳跟放在超過腰高（或肩高、頭高）的高架上，腳尖回勾。身體前俯，胸部貼於膝蓋，然後直立。這樣反覆下壓，一直壓到大胯能劈開，大小腿可鋪於地面，左右腿能交換轉動，腳尖可接觸下頜或鼻尖時為止。

側壓腿，即將支撐腿直立，腳尖向左（或向右）。另一隻腿的腳跟裏側放在支撐架上。側身向左（或向右）俯身下壓，左右兩側反覆交替，一直壓到橫叉劈開為止。壓腿是慢工夫。不要急於求成，防止筋骨和肌肉拉傷。

2.踢　腿

俗話說：「百壓不如一踢。」壓完腿後，一定要踢腿。進行前踢、後踢、側踢、裏合、外擺、二起腳、旋風腳等練習。這種練習可為分腳、蹬腳、擺蓮腳打基礎。練習時速度要快，可以用力。必須保持經常練習。

3.站　樁

站樁，也稱樁功。這是一項非常重要的基本功。其不僅能

增加腿部力量，而且能鍛鍊演練者的耐力。站樁是個苦事。初學站樁者不但感受不到其中奧妙，而且會覺得既苦又累，沒有意思，這樣就很難堅持下去。然而當演練者鍥而不捨地堅持站了一段時間後，就會感到氣流在動，經絡通暢，產生一種輕鬆愉快感覺。

站樁可分為馬步樁、開立步樁、虛步樁和行步樁（單式子樁）。

站樁時，要求立身中正安舒、含胸拔背 膇鬆肩沉肘、提肛、懸頂、膝蓋不過腳尖、圓襠溜臀、舌抵上　、兩眼平視後內視丹田，氣沉丹田，做拳式深長呼吸。

馬步樁與開立步樁基本相同。不同之處，是馬步樁的兩腳間距約兩腳半寬，而開步樁的兩腳間距約一橫腳寬（與肩同寬）。

虛步樁，要求坐步，前腳虛著地，重心坐實於後腿，其它要求同前。

行步樁，為拳式中的單式子。如摟膝拗步、野馬分鬃等定式。

站樁時，應把規範動作做到位。時間可長可短，可不做連續動作。其它要求同前。

（二）盤架子

即把吳式太極拳的36式、126動，一式一式，一動一動地連起來練習。要求達到，舒伸緊湊，輕靈柔化，斜中寓正，川字步型，從起勢到收勢，連續不斷，一氣呵成。並要式與式的銜接清楚，體現似停非停，看上去似無接頭，節奏卻非常清楚。就像文章的「抑揚頓挫」。努力做到，鬆而不懈、柔中寓剛、勁含不露。充分表現吳式太極拳的內涵特點。在實現熟練程度後，自己即可單獨演練，或領頭演練。

（三）帶攻防含義

在盤架子時，應帶攻防含義，並做到「四法」和「四

功」。所謂「四法」，是指手、眼、身和步法的「外三合」。所謂「外三合」，是指手與腳合、肘與膝合、肩與胯合。只有做到「外三合」，才能使人產生一種意想不到的勁，這叫「整勁」。所謂「內三合」，是指心與意合、意與氣合、氣與力合。這些合稱為「六合」。在練拳中應努力做到：意到、氣到、勁到。

「內三合」與「外三合」合而為一，體現太極拳運動的六合勁。六合勁，是貫穿於太極拳演練始終的，是從包括涵（含）胸、拔背、鬆肩、墜肘、裹襠、溜臀、鬆腰、落胯、懸頂等九個基本法則中得出的。

演練者在實現以上要求後，並能運用自如、連續不斷地練習吳式36式太極拳，就會達到意想不到的效果。演練本套拳，要求為9～10分鐘。如參加比賽，可為5～6分鐘。

中級階段

（一）學會太極推手

太極推手，是演練太極拳應用招法的基礎。在進行太極推手時，應按「沾、黏、連、隨」和「不丟。不頂」的原則，倆個人一起演練。初學者應先從單搭手、畫平圓、畫立圓、折疊式開始推。待推熟後再進行雙手推、平推「四手」、推「四正手」、推「四隅手」。待推出「掤、捋、擠、按」的「四正手」後，再練活步推手（包括「進一退一」、「進二退二」、「進三退三」）。待這些都掌握後，再推「四隅手」。應將「採、挒、肘、靠」和「大捋」、「托肘擠靠」和「互進互退」等招式運用熟練。

（二）學會「聽勁」、「懂勁」、「問勁」和「變勁」

當倆人搭手後，各畫兩圈，從皮膚搓摸探試對方功夫深

淺。這其中全靠「聽勁」。一般說，由於雙方都很謹慎，不輕易暴露自己意圖，因此一方要有意「問勁」。當他發出「問勁」信號後，對方馬上變勁，並一變再變，始終採取化而不發之勢。這表明對方功底很深，其不但聽力好、懂得如何用勁，而且知道前者勁路的發點和落點。正確的勁路發、落點，是保證推手成功的關鍵條件。當一方發勁將至未至，而對方勁力又走在其前面時，說明前者的化勁破壞了對方來勁，同時又把勁加在對方身上。這叫「化中有打」。這樣你來我往，一招一式，進攻防守。突然一方放出勁來，把對方推出很遠，甚至摔倒，這叫「得機、得勢」；或稱「借他人之力，打擊他人」。如此反覆練習，堅持不斷，才能練出太極推手的中級水準。

高級階段

（一）演練虛實變化，掌握陰陽變化

做到「用意不用力」。《拳論》稱：「一動無有不動」。「太極本無法。動，就是法。處處是太極。」因此，應掌握太極拳的陰陽變化，做到一動一陰陽、一動一個變化。演練者視覺、聽覺的靈敏度極高。《拳論》稱「彼不動，己不動，彼微動，己先動」在對方未動或將動時，即有所知覺。這就是不等對方觸及自己，我即發力擊倒對方。《拳論》講「人不知我，我獨知人」。這種功夫不腳踏實地認真練習，是實現不了的。只有做到隨心所欲地「牽動彼身借彼力」、「四兩撥千斤」，才能悟到太極拳真諦。

（二）必須做到以下三點

1.誠心求教，名師指點

太極拳的理論深奧，實踐更難。只有誠心求教，名師指點，按要求長時間磨練，才能達到高級階段水準。就像「百煉成鋼」一樣，只有反覆正確演練，才能達到「爐火純青」程度。

2.信心十足，練功不息

有些人練太極拳幾十年，並具備一定水準，但沒達到「高、精、尖」程度，就放棄了之。主要原因是由於缺乏信心所致，其實，有時練習者感到，雖長期練習卻難以提升時，可能就是再加把勁即能達到「爐火純青」的程度。多因喪失信心而改變主意，或半途而廢，或改練其它拳種的情形，我覺得是非常可惜的。

我相信，只要有「不到長城非好漢」氣概和「為成功努力奮鬥不止」的精神，就一定能達到「高、精、尖」程度。

3.下定決心，堅持到底

無論什麼事業，若想成功，必須下定決心，堅持到底。演練太極拳尤其如此。如果不能下定決心，不能堅持到底進行苦練，就實現不了上乘功夫。

由於太極拳既練內功，又練外功，「內外兼修」；既有氣，又有力，「氣力合一」；既能柔化，又有爆發力。因此，沒十年、二十年苦功，沒堅定信心和決心，是不會成功的，也達不到高級階段水準。「有志者，事竟成」。只要下定決心，堅持到底，就必定能收到奇效！

（一）太極拳的八方線

面南站立，左東，右西，前南，後北，為四正方向。東南，東北，西南，西北，為四隅方向。（圖1）

（二）圓周和角度

圓周360度，半周2／1為180度，4／1為90度，8／1為45度，16／1為22‧5度。（圖2）

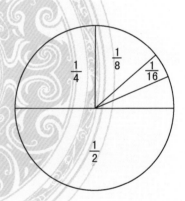

（三）步　型

1.正步：兩腳前後間隔約一腳，左右（寬）間隔距離一腳，腳尖均向前。（圖3）

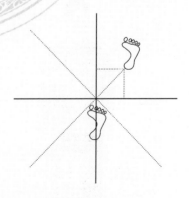

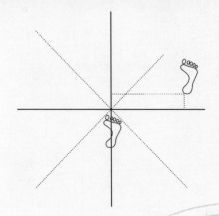

2.隔步：前後間隔距離為半腳，左右間隔距離為一腳半，腳尖均向前。（圖4）

3.自然步：兩腳平行站立，腳尖向前寬間隔約一順腳，兩腳外緣與胯同寬。（圖5）

4.平行步（開立步）：兩腳平行站立，兩腳間隔約一腳寬，兩腳外緣與肩同寬。（圖6、7）

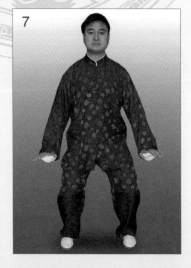

5.馬步：兩腳左右分開，腳尖微外展，腳尖對膝尖，間距約兩腳半寬，重心在兩腳。（圖8）

6.坐式（虛步）：重心由後腿承擔，屈膝，身體後坐，尾閭對正後腳跟，膝尖對正腳尖，腳尖上翹。（圖9）

7.弓步：重心在前腿，膝尖對正腳尖，後腿自然舒直，後腳落平，正步虛步均如此。（圖10）

8.側弓步（橫襠步）：兩腳如馬步，重心在右腿者為右側弓步，重心在左腿者為左側弓步。（圖11）

9.點步：兩腳尖齊，隔一順腳寬，重心在右腿，左腳在左側，腳跟提起。（圖12）

10.歇步：右腿屈膝下蹲，腳步外展，左腿屈跪，腳跟提起，左膝尖貼在右膝窩處（內側），身體正直。（圖13）

11.仆步：兩腿如馬步，（可稍大些）右腿全屈，身體下坐到右腳跟上方，左腿舒直，左腳虛著地，腳尖向前。（圖14）

12.拗步：左腿前弓，右手在前，或右腿前弓，左手在前為拗步。（圖15）

13.四六步：左腿在前，右腿在後，兩腿均屈膝半蹲，重心負擔前四、後六。（圖16）

14.獨立步：重心在右腿提頂直立，左膝提起，腳尖虛垂。（圖17）

（四）手　型

1.立掌：掌心朝前（與練拳者背部朝向相反），掌指朝上。（圖18）

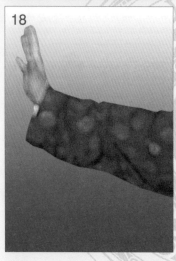

2.側立掌：掌心朝向與練拳者所出之手相反（例：出左手時掌心朝右），掌指斜向上。（圖19）

3.垂掌：掌心朝向任意，掌指向下或偏向下。（圖20）

4.仰掌：掌心朝上或偏向上，掌指朝向任意。（圖21）

5.俯掌：掌心朝下或偏向下，掌指朝向任意。（圖22）

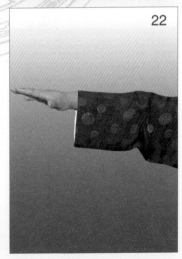

6.**側掌**：掌心朝向任意，掌指與直立身體垂直或趨向垂直，並且拇指朝上。（圖23）

7.**反掌**：掌心朝向任意，拇指向下。（圖24）

8.**虛勾**：提腕，三指虛攏（拇指、食指、中指捏合在一起），無名指、小指收攏於手心前。指尖向下。（圖25）

9.實勾：指尖向上，其它與虛
勾相同。（圖26）

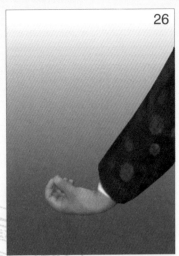

10.拳型：五指自然鬆握，大指
在外壓在中指中節，握拳時由小指開
始依次屈握，變掌時由大指依次張
開。（圖27、28、29）

精簡吳式太極拳

無極式

1. 太極起勢
2. 攬雀尾
3. 摟膝拗步
4. 倒攆猴
5. 野馬分鬃
6. 玉女穿梭
7. 金雞獨立
8. 高探馬
9. 撲面掌
10. 斜飛勢
11. 提手上勢
12. 白鶴亮翅
13. 海底針
14. 右左分腳
15. 轉身蹬腳
16. 十字擺蓮（單擺蓮）
17. 披身蹬腳
18. 轉身擺蓮（雙擺蓮）

19. 彎弓射虎
20. 右左打虎
21. 獨立跨虎
22. 抱虎歸山
23. 搬攔捶
24. 肘底捶
25. 弓步栽捶
26. 翻身撇身捶
27. 摟膝指襠捶
28. 扇通背
29. 雲　手
30. 單　鞭
31. 下　勢
32. 上步七星
33. 手揮琵琶
34. 雙峰貫耳
35. 如封似閉
36. 十字手收勢

無極式

　　面南站立，虛領頂勁，兩腳併攏，兩掌自然下垂，掌心向內，指尖向下，重心在兩腳中間。目視前方。（圖1）

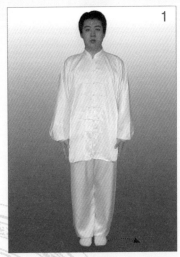

1. 太極起勢

（1）左腳橫移

　　重心移至右腳，左腳提起，向左橫移成開立步。目視前方，意在兩掌指尖。（圖2）

（2）兩腕前掤

　　兩掌指尖微鬆，帶動兩臂前伸，掌心漸轉向下，兩腕向前上方舒伸，高與肩平，寬與肩齊，兩掌心向內成垂掌，肘尖略低於腕，重心和視線均不變，意在兩腕。（圖3）

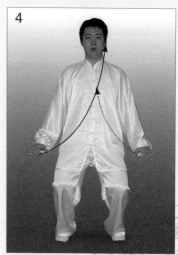

（3）兩掌下採

屈膝半蹲，兩掌指尖向前下方舒伸成俯掌，雙掌收落至兩胯旁，重心、視線不變，意在兩掌心。（圖4）

2. 攬雀尾

（1）右抱七星

重心移至左腿，右腳前伸，腳跟著地成右虛步；右掌外旋，成仰掌置於胸前，腕與肩平，拇指遙對鼻尖，左掌微內旋，成俯掌置於右臂內側，拇指指向右臂彎（距離約一拳）。目視前方，意在右掌心。（圖5）

（2）左掌打擠

重心前移，弓右膝成右弓步；同時右掌內旋成側掌橫在胸前，小指尖與肘尖橫平；左手成立掌向右腕處打擠，至距右腕約一拳，食指遙對鼻尖。目視前方，意在左掌心。（圖6）

（3）右掌回捋

步法不變，右掌內旋，向右前上方舒伸成俯掌，腕高與肩平，掌指向前，同時左掌外旋成仰掌，左食指遙對右脈門；接著重心後移成右虛步，右掌大指遙對右腳外緣，回捋至右胯旁，左掌保持距離隨之，右掌外旋，成仰掌置於小腹右下方，左掌內旋成俯掌移於小腹右上方，兩掌心相對，如抱球狀。目視左掌，意在右掌心。（圖7、8、9）

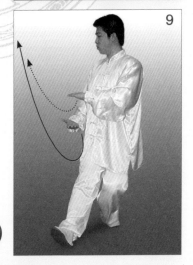

（4）右掌前掤

上體微左轉，後微右轉，重心前移弓右膝成右弓步；右掌前掤經左前至右前上方，左掌微內旋隨之，右腕與肩平，右小指在右腳外緣延長線上方，左大指遙對右臂彎。目視前方，意在右掌心。（圖10）

（5）右掌後掤

重心後移於左腿，右腳尖翹起，同時鬆胯轉腰至胸向西南，手臂隨轉體而動，屈右臂，垂右肘，右掌向右後方掤，左掌隨之。目經右大指、中指尖向西北方遠視，意在右掌心。（圖11）

（6）右掌前按

重心仍在左腳，右腳尖內扣落平成八字步，右掌隨轉體向正東按出，並由仰掌漸變成立掌，腕與肩平。左掌隨右掌外旋成側掌，橫於右胸前，指尖向右，目視前方，意在右掌心。（圖12）

3.摟膝拗步

（1）提腕按掌

重心移至右腿，左腳跟內收後向前方上步，腳跟著地成左虛步；同時右腕上提成側掌至右耳側，指尖向前；同時左掌下按至左膝內側，指尖斜向前。目視前方，意在左掌心。（圖13）

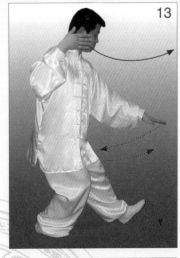

（2）摟膝推掌

重心前移，左腳落平成左弓步；右掌向前推出成立掌，腕與肩平，右拇指尖遙對鼻尖；同時左掌鬆沉於左膝旁，微坐腕，指尖向前仍為俯掌。目經右食指尖遠視，意在右掌心。（圖14）

（3）提腕按掌

右掌舒指成俯掌，下按至兩腿中心延長線上方，掌指與膝同高，身隨按掌微前俯。隨之提頂立腰，右腿上步，腳跟著地成右虛步；同時，左掌鬆腕上提成側掌，至左耳側；右掌鬆沉至前下方，指尖斜向前。目視前方，意在右掌心。（圖15、16）

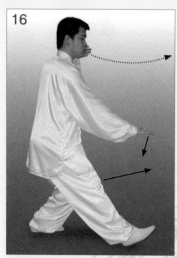

（4）摟膝推掌

左右對調後動作與本勢（2）相同。（圖17）

（5）提腕按掌

左右對調後動作與本勢（3）相同。（圖18）

（6）摟膝推掌

動作與本勢（2）相同。（圖19）

4. 倒攆猴

（1）坐身按掌

重心後移，左腳尖翹起，成左虛步；同時，右掌舒指成俯掌按至左腳上方，右掌心與左腳大趾遙對，指尖斜向前。左掌鬆腕上提成側掌至左耳側，指尖向前。目視右手，意在右掌心。（圖20）

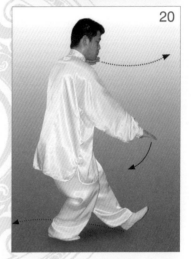

（2）退步推掌

左腳提起經右腳內側向左後方退步，腳尖先著地逐漸落實成右弓步；同時右掌經右膝前上方摟至右胯側前，指尖向前與右膝齊；同時左掌向前推出，成立掌，腕與肩平，拇指遙對鼻尖。目視前方，意在掌心。（圖21）

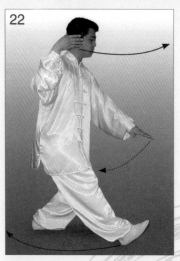

（3）坐身按掌

左右對調後，同本勢（1）。
（圖22）

（4）退步推掌

左右對調後，同本勢（2）。
（圖23）

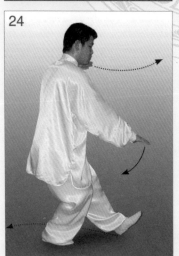

（5）坐身按掌

同本勢（1）。（圖24）

（6）退步推掌

同本勢（2）。（圖25）

5.野馬分鬃

（1）兩臂交叉

接上勢，左腳經右腳內側向左前方出步，腳跟著地成左虛步；同時左掌舒指向左、向下、向右畫弧成垂掌至右膝上方，掌心向右；右掌向上向左畫弧成側立掌至左肩前，掌心向左。目視左前方，意在左掌心。（圖26）

（2）左肩左靠

左腳落平，重心移向左腿成左隅步弓勢；同時左掌外旋成仰掌至左上方，左臂伸直，肘尖微垂，手與眼平，指尖斜向前；右掌向下、向右微內旋成俯掌，鬆沉至右胯旁，掌指斜向前，目視右掌，意在左肩。（圖27）

（3）兩臂交叉

左右對調，同本勢（1）。（圖28）

（4）右肩右靠

左右對調，同本勢（2）。（圖29）

6.玉女穿梭

（1）右掌翻轉

重心在右腳，左腳向前跟半步在右腳內側不著地，同時右掌內旋轉成俯掌，微前移舒伸至右腳沿長線上方；同時左掌外旋成仰掌至右肘下方，指尖斜向右，目經右食指尖遠視，意在掌心。（圖30）

（２）左掌前掤

上動不停；左腳向左前方出步成左隅步弓勢；左掌經右小臂下穿掤至左前上方，指尖向前，腕與肩平；右掌隨之，落於左小臂旁，右大指遙對左臂彎，指尖斜向前。目經左食指尖視前方，意在左掌心。（圖31）

（３）左掌後掤

重心後移，左腳尖翹起成左虛步；同時腰轉，左掌後掤至左上方西北時，腰右轉，左掌內旋翻轉手心向前，反掌置於額上方；右掌外旋成立掌，隨左掌至右胸前，兩掌虎口相對。意在右掌心，目視前方。（圖32、33）

（4）右掌前按

重心前移，左腳落實成左隅弓步；同時右掌隨重心前移向左前方（東北）按出，左手隨之，雙掌虎口仍相對，右腕與肩平，左腕略高於頭。目經右手遠視，意在掌心。（圖34）

（5）扣腳轉身

重心仍在左腿，左腳尖內扣約90度，右腳跟內收成右虛步；左掌隨扣腳轉體畫弧至右肩前，成俯掌，指尖向右上方；右掌外旋，向左下方畫弧至左肘下左肋前，掌心斜上，指尖向左下方，目隨左食指尖，意在左掌心。（圖35）

（6）右掌前掤

身體右轉，右腳向右前方上步，腳跟著地，屈膝前弓，同時左腳跟外展，成右隅弓步；右掌隨轉體穿至右前上方。其他動作，左右對調，同本式（2）。（圖36）

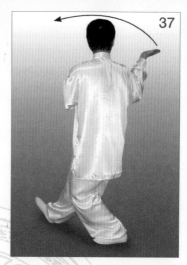

（7）右掌後掤

左右對調，與本勢（3）相同。
（方向東北方）（圖37、38）

（8）左掌前按

左右對調，與本勢（4）相同。
（方向西北）（圖39）

（9）右掌前按

重心不變，鬆肩沉肘右掌落於右腳前上方，左掌翻轉手心向上，置於右肘下方。其他同本勢（1）。（圖40）

（10）左掌前掤

與本勢（2）同。

（11）左掌後掤

與本勢（3）同。（方向東南）

（12）右掌前按

與本勢（4）同。（方向西南）

（13）扣腳轉身

與本勢（5）同。

（14）右掌前掤

與本勢（6）同。

（15）右掌後掤

與本勢（7）同。（方向西南）

（16）左掌前按

與本勢（4）同。（方向東南）

7. 金雞獨立

（1）右肘鬆沉

右肘鬆沉，右掌舒伸外旋下落，至右腕與肩平成側掌，指尖向前；同時，左掌外旋至右肘下方成仰掌，指尖向右，目隨右掌，意在左掌心。（圖41）

（2）獨立穿掌

重心在右腿，提左膝，於左腹前，腳尖鬆垂向下，成獨立勢；同時，左掌貼右小臂向正前上方穿掤至極度，掌心向右指尖向上；右掌向下經左腕內側，沉落至小腹前下方，掌心向左成垂掌，目視前方，意在左掌指尖。（圖42）

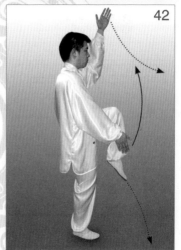

（3）左肘鬆沉

右胯、右膝微鬆沉，左腳向左前方落步，腳跟著地，逐漸落平成左隅步弓勢；同時，左掌向正東下落，腕與肩平，掌心向右成側掌；右掌外旋上移至左肘尖下方，指尖向左成仰掌，目隨左掌，意在右掌心。（圖43）

（4）獨立穿掌

左右對調，與本勢2同。（圖44）

8．高探馬

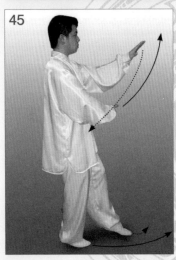

右腳向右後方撤步，腳掌先著地落實，重心後移至右腿；左腳後撤，腳尖著地，腳跟提起，成左高虛步；同時右掌外旋，下落收至左肋前，指尖向左成仰掌；左掌內旋，向前上方舒伸，成俯掌，指尖向前與眼平。目視前方，意在掌心。（圖45）

9．撲面掌

左腳微前移，腳跟著地落平，重心前移至左腿；右腳經左腳內側向右前方上步，腳跟著地，屈右膝重心前移成右弓步。同時，左掌外旋，反採收落至右肋前，指尖向右成仰掌；右掌內旋成立掌，經胸前方按出。目經右食指尖遠視，意在右掌心。（圖46）

10.斜飛勢

（1）兩掌分展

重心在右腿，腰胯微右轉。右腕鬆力，右掌微內旋，向左、向下、向右展開至右胯旁，指尖斜向右成俯掌；左掌內旋，向左上方舒伸，至手與頭高，肘尖微垂，指尖斜向前成仰掌。目經左食指尖遠視，意在左掌心。（圖47）

（2）兩臂交叉

重心仍在右腿。左腳經右腳內側向左前方上步，腳跟著地成左虛步；同時左掌向右下方畫弧，至右胯前，掌心向右成垂掌；右掌向左上方畫弧，至左肩上方，食指與左耳齊平，手心向左成側立掌。目經右食指尖遠視，意在掌心。（圖48）

（3）左肩左靠

左膝前弓成左隅步弓勢；同時左掌向左上方穿掤至東北上方成仰掌，腕與肩平；右掌向右下方採将至右胯旁，指尖向前成俯掌。目經左食指尖遠視，意在左肩。（圖49）

11. 提手上勢

（1）右抱七星

重心在左腿。左腳尖內扣，右腳跟內收後微前移，腳尖翹起，身體右轉，胸向正南成右虛步；同時，左掌內旋畫弧至胸前，指尖斜向前成俯掌；右掌外旋，向左上方穿掤，指尖斜向前，成仰掌，兩臂虛合於胸前。其他同2（1）。（圖50）

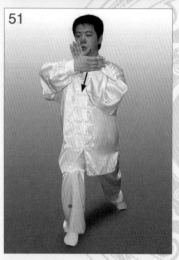

（2）左手打擠

同2（2）。（圖51）

（3）右腕上提

右掌微落後，五指鬆攏變虛勾，提腕上掤至頭頂前上方；同時，左腳放鬆，上步至右腳旁，成開立步站立，重心仍在右腿；同時，左掌沉落至臍上腹前，指尖向右。目視前上方，意在右腕。（圖52、53）

（4）右勾變掌

　　右勾微提，漸向上外翻轉成仰掌，指尖向左；同時，左掌鬆落至臍下小腹前，左腳隨之落實，重心移至兩腳中間。目前視，意在右掌心。（圖54）

12．白鶴亮翅

（1）左掌翻轉

　　步法不變，上體微前傾，向左轉體約90度，鬆左腕指尖下垂，隨轉體左掌外旋，自下而上向正東上方舒伸至身體直立，左掌舒直腕與肩平，置於兩腳心延長線上方；右掌隨上體轉動，位置不變。目視左掌，意在左掌心。（圖55、56）

（2）左掌上掤

步法不變。左掌繼續向外舒伸後內旋上舉，成立掌置於左肩上方；右掌隨之向上舒伸，成立掌置於右肩上方，兩掌心向前，雙臂伸直微屈，兩腕間距略寬於肩。目視前方，意在掌心。（圖57）

（3）兩肘下採

步法不變，屈膝下蹲，腰胯、肩、肘、腕均鬆力，兩肘尖鬆垂，兩臂外旋下落，兩掌隨之。掌心翻轉向內，至兩腕與肩平。目視前方，意在兩腕。（圖58）

13．海底針

（1）提腕按掌

同3（1）。（圖59）

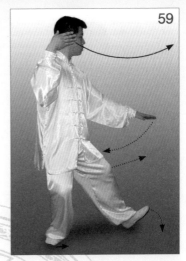

（2）摟膝推掌

同3（2）。（圖60）

（3）右掌下指

重心後移於右腿，左腳收至右腳內側，腳尖著地成左虛步；同時右掌鬆腕舒指外旋下指至正前下方，指尖斜向下稍低於膝，掌心向左成垂掌；左掌舒腕斜上至右耳側，掌心向右，成側立掌，目視前方，意在右指尖。（圖61、62）

14. 右左分腳

（1）兩掌虛合

提頂立身，成左虛步；同時右掌
內旋，指尖向左成俯掌，橫置於胸
前；左掌外旋，指尖向右成仰掌；橫
置於腹前，兩掌心相對，目視右手，
意在掌心。（圖63）

（2）右掌穿抹

重心在右腿，出左腳成左隅步弓
勢；同時，右掌經左前上方向右前上
方穿抹，指尖斜向前；左掌在右臂下
方隨之，指尖向右與右肘齊。目隨右
食指尖遠視，意在右掌心。（圖64、
65）

（3）兩臂交叉

重心在左腿，上體微右轉後合襠，胯微左轉，右掌外旋向下，掌心向左成垂掌，置於左胯旁；左掌內旋向上，掌心向右成側立掌，置於右耳側，兩臂在胸腹前成交叉狀。目隨右食指尖遠視，意在掌心。（圖66）

（4）分掌分腳

左腿直立，同時回轉右胯，右膝鬆力提起過腰，舒伸右小腿向東南方分出，腳面繃平過腰；同時，兩掌翻轉上舉至雙腕交叉過頭高時，（右掌在外，左掌在內）兩掌分展，劈落於身體左右，兩掌略高於肩成側掌，右臂與右腿相對，左臂與右臂夾角約135度。目視右前方，意在掌心。（圖67、68）

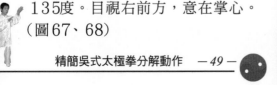

（5）兩掌虛合

重心仍在左腿，左腿屈膝，右小腿下落至右前方，腳跟著地成右虛步；同時右掌外旋成仰掌，反採至腹前；左掌內旋成俯掌，向右按至胸前，其他左右對調，同本式（1）。（圖69）

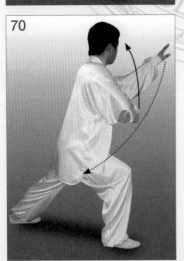

（6）左掌穿抹

同本勢（2）。（左右對調）（圖70）

（7）兩掌交叉

同本勢（3）。（左右對調）（圖
71）

（8）分掌分腳

同本勢（4）。（左右對調）（圖
72、73）

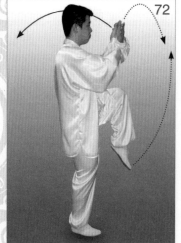

15. 轉身蹬腳
（1）兩拳合抱

右腿仍獨立，左膝鬆力，小腿回收，腳尖下垂，膝高於胯；兩臂彎鬆力，左右掌外旋向身前方合抱並漸握成拳，兩腕相交（左腕在外），腕與肩高，置於胸前，兩拳心向內。目視前方，意在左拳。（圖74）

（2）提膝轉身

左膝上提（膝高過腰），右腳尖內扣約90度；同時，左膝帶動轉體，胸向正北，兩臂微內旋上提（兩腕仍交叉）。目視前方，意在左拳。（圖75）

（3）分掌蹬腳

兩臂放鬆，兩拳向上舒伸（內旋），逐漸翻轉變掌，雙掌心朝外自上而下劈落；兩臂微屈，腕部略高於肩，左手指向前指向西方成側掌；右手指向東北成側掌；右腿仍獨立，同時伸展左小腿，以腳跟向西方蹬出，腳高過腰。目視西方，意在左腳跟。（圖76）

16. 十字擺蓮（單擺蓮）

（1）落腳轉身

左腳朝西北下落，腳跟著地後，腳尖內扣，重心移至左腿，左腳掌落實，右腳跟微提內收，右腳尖虛著地，右轉體胸向東成右虛步；同時左掌內旋向右後方畫弧至右肩頭成俯掌，右掌外旋畫弧至左肋前，指尖向左成仰掌。目經左食指尖平遠視（東南），意在左掌心。（圖77）

（2）十字擺腳

左腿微立，右腿自下而上經左上、右上方向右側擺出，（在右前上方腳面接觸左掌心），後收小腿提膝；同時左掌內旋畫弧至左上方，指尖向上，掌心向外與頭平；右掌內旋畫弧至右側下方，微坐腕展指，指尖向前，腕與右胯平成俯掌。目隨左掌左轉後再視向東南，意在掌心。（圖78）

17. 披身蹬腳

（1）歇步合抱

屈膝下蹲，同時右轉體胸向南，右腳在左腳尖右前方落步，右腳跟先著地後腳尖外展朝正南，左腳跟提起外展右腳落平成歇步；同時，兩掌外旋翻轉變拳，收攏合抱至胸前，左臂在外，雙腕交叉同肩平，拳心朝內。目視左前方，意在左拳。（圖79、80）

（2）分掌蹬腳

重心在右腿，提頂長身，右腿直立，左腿提膝過腰，左腿以腳跟領勁小腿伸展，向正東上方蹬出，（腳跟過腰）；同時兩拳內旋向上舒伸與頭平，變掌翻轉手心朝外過頭，兩掌自上而下展開劈落。至兩臂伸直，鬆肩沉肘，腕略高於肩成側掌，左臂與左腿上下相對，右手指尖向西南。目經左掌遠視，意在左腳跟。（圖81）

18.轉身擺蓮（雙擺蓮）

（1）轉身穿掌

鬆腰合胯，向右後轉體，左腿隨轉體向右後方落步，腳跟落地後腳尖內扣朝東北，重心移至左腿，右腳跟內收腳尖稍向前移成右虛步；同時，左掌畫弧至右肩前，指尖向右與肩頭齊成俯掌，右掌外旋至左肘後再內旋，貼左小臂畫弧至身體右側上方，臂微屈，肘尖朝下，掌心向右成側立掌，高與頭平。目視右掌，意在掌心。（圖82）

（2）右腳右擺

　　重心移於左腿後長身立腰，右腿提起經左上方，向右上方畫弧擺出，（右腳面在體前右上方依次觸及兩掌心）後右膝上提小腿自然懸垂，胸向東成獨立步；同時兩掌向左前上方舒伸，掌指向東北上方成俯掌，左掌指尖高與頭平，右拇指尖遙對左臂彎。目經左掌遠視，意在掌心。（圖83、84）

19. 彎弓射虎

（1）兩掌右捋

　　屈左膝，右腳向右前方落步成右隅弓步勢；同時雙掌自左前上方向右下方畫弧，左掌捋至右胯前，掌指向右，右掌捋至右胯旁，掌指向前，兩掌舒腕後抓握成拳，體微右轉，右拳上提至右耳側與耳同高，距耳約20公分，拳眼斜朝下，左拳微提在右胸前，距體約10公分，拳眼朝上。目視右拳，意在拳面。（圖85）

（2）兩拳俱發

上體左轉至胸向東，兩拳隨體轉向東北方打出，拳心均向右，拳眼相對，右臂微屈肘尖斜向下，右拳高與頭平，左拳與胸高，左肘尖與右膝相合小臂平目視左前方，意在拳面。（圖86）

20. 右左打虎

（1）撤步回捋

重心移至左腿，右腳經左腳內側提膝獨立步，同時，兩拳變俯掌，指尖朝前捋至腹前後雙掌變向經左胯前上方擺舉，指尖均指東北上方，左掌高與頭平，右掌在左臂彎處。（圖87、88）

89

左膝鬆力，右腳向右後撤步。腳跟著地，腳尖外展至正南，左腳尖裏扣成右隅步；左掌從左上向右下将至右膝前，右掌将至右膝外側，兩掌指尖均斜向右。目視右前方，意在掌心。（圖89、90）

90

（2）右拳貫耳

兩腳位置不變，身隨腰胯微右轉後左轉至胸向正南；同時，兩掌隨轉體微下将右掌向右畫弧上提漸變為拳向左前方貫出，腕與肩平，右拳眼朝左，拳面朝上，左拳隨之置於右肘下方，拳心向內，拳眼與右肘尖相對。目視東南方，意在右拳。（圖91）

91

（3）撤步回将

　　重心在右腿，腰胯帶動身體左轉，右腳尖內扣踏實腳尖向東，左腳跟提起內收，經右腳內側向左後方撤步，腳尖著地，同時兩拳變掌，向東南方舒伸成俯掌，右掌在前，左掌在右臂彎處。上動不停，腳掌著地腳跟內收腳尖向北，弓左膝展右腳跟成左隅步弓勢；同時，兩掌隨腰轉動向左将至左胯外側。其他動作左右對調，同本勢（1）。（圖92、93、94）

（4）左拳貫耳

動作左右對調，同本勢（2），定式時，胸向正北，目視東北。（圖95）

21. 獨立跨虎

（1）轉身撤步

重心在左腿，左腳尖內扣至正東落實，身隨左腳內扣右轉體胸向正東，右腳向右後撤步，腳尖著地；同時，兩拳隨身轉至面向正東時展指舒腕成俯掌向東北方舒伸，左掌同頭高，右掌在左臂彎處。目隨左掌，意在掌心。（圖96、97）

（2）兩掌回将

重心移向右腿，收右腳跟，左腳尖內扣，重心至右腿，右轉體，胸向正南；兩掌隨轉體走外弧向右腹前回将，至右膝上方外側。目視右掌，意在掌心。（圖98）

（3）收腳提腕

重心在右腿，左腳移向右腳內側前，腳尖虛著地成左虛步，同時右腕上提至右耳側，左掌鬆沉至左膝前，指尖向下。目視前方，意在掌心。（圖99）

（4）提膝推掌

重心仍在右腿，頂勁虛領，右腿直立左膝提起，膝高過胯，腳面展平，腳心向下；同時，兩掌齊動，左掌變勾，提至身體左側，左臂自然伸直，腕部略高於肩，右掌自耳側向前（正南）按出，掌指朝上成側立掌與眼同高。目視東南，意在右掌心。（圖100）

22. 抱虎歸山

（1）落步穿掌

左腳向右腳外側前下落，腳跟著地腳尖向西，重心移向左腿落實，右轉體至胸向西，右腳跟內收成左弓步，同時，左勾變掌，外旋隨轉體向右畫弧，穿至左胸前，掌指向前成仰掌，左臂伸直肘略低於腕；右掌外旋，置於左肘下，掌指向左成仰掌。目視前方，意在左掌心。（圖101）

（2）轉身合抱

重心仍在左腿，左腳尖微扣向西北，右腳跟微提內收，胸向西北成右虛步；左掌內旋成俯掌橫於右肩前，指尖向右與肩齊平，右掌微外舒伸，仍置於左肋前。目隨左掌，意在掌心。（圖102）

（3）上步分掌

重心在左腿，右腿向東北方上步，腳跟著地弓右膝成右隅步弓勢；同時，右掌內旋，畫弧至身體右側，右臂微屈伸直，右掌同胸高，掌指向右成俯掌，左掌向前向左畫弧，捋於身體左側，掌指向左成俯掌。目視東北，意在右掌。（圖103）

23．搬攔捶

（1）轉身合掌

重心移至右腿，右腳尖外展轉至正東，左腳收至右腳內側，腳尖虛著地，胸向正東；同時，右掌外旋反採，掌指向前成仰掌置於右胯旁，左掌隨轉體畫弧，掌指向右成俯掌，置於右掌之上（兩掌間距約一拳）。目隨左掌，意在掌心。（圖104）

（2）左掌前掤

左腳上步腳跟著地，腳尖微翹，上體微右轉再微左轉，隨轉體重心前移，左腳掌落實，弓左膝成左弓步（胸向正東）；同時，兩掌相對畫弧經右前方至左前方，左掌指朝前，腕與肩高，置於左膝前上方，右掌指朝左，置於左小臂下。目隨左掌，意在掌心。（圖105）

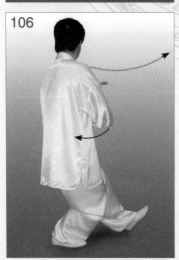

（3）左掌右攔

重心後移至右腿，左腳尖翹起成左虛步，隨重心後移微左轉，兩掌相對隨轉體畫弧收落至左胯前，上體微右轉，兩掌隨轉體分開，左掌外旋伸

展至胸前方，掌指朝前成側掌，腕與肩平，右掌內旋逐漸變拳收至右腰間，拳眼朝上。目向前平遠視，意在左掌心。（圖106、107）

（4）右拳前伸

重心前移，左腳踏實弓左膝成左弓步，右拳向前舒伸至左腳前上方，拳眼向上高與肩平，左掌附於右臂內側，掌指斜朝上，成側立掌，目視前方，意在右拳。（圖108）

24．肘底捶

（1）退步穿掌

重心後移，左腳經右腳內側向後撤步，腳掌著地後落實，重心後移成右虛步；同時左掌內旋經右、左上方畫弧展開後，外旋收於左側腰前，虎口朝前成仰掌，右拳變掌內旋畫弧經左前上方、左側腰前後變為內旋至右側腰前外旋至右面前，掌指朝前成仰掌。目視前方，意在左掌心。（圖109、110）

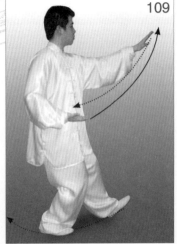

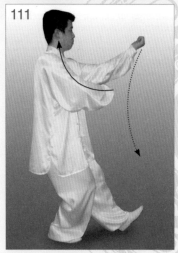

（2）坐身打拳

接上動，右腳經左腳內側向後撤步，腳掌著地踏實，向後坐身，左腳尖翹起，成左虛步；左掌變拳經右小臂上向前上方舒伸擊出，拳眼朝左，拳面斜向上，與頦同高對齊，右掌內旋變拳收於左肘尖下方，右拳眼與左肘尖相對。目經左拳平遠視，意在左拳面。（圖111）

25. 弓步栽捶

（1）提腕按掌

重心不變，上體微右轉，左拳變掌內旋向前下方按出，掌指斜向下成俯掌，右拳變掌提至右耳側，掌指朝前成側掌。目視前下方，意在左掌心。（圖112）

（2）右拳下栽

左腳微前移，弓左膝成左弓步；同時，右掌變拳向前下方舒伸至左膝前下方，拳眼朝前。拳面向下，左掌外旋成側掌收貼於右小臂內側，目視前下方，意在右拳面。（圖113）

26．翻身撇身捶

（1）右拳上提

重心不變，提肘轉臂拳與頭平時左腳尖內扣約９０度；同時以右肘尖引導向後上方頂擊；重心仍不變，右腳跟微內收上體右轉，胸向西南成右虛步，左掌心斜向上對右臂彎處，掌指向上成側立掌。目經右肘視上方，意在右肘。（圖114）

（2）右肘下採

上動不停右腳向右前方上步，腳跟著地、重心前移、弓右膝右腳落平，左腳跟外展，胸向正西成右弓步；同時右拳隨右肘下落至右膝上方，拳眼向上，左掌隨之按落於右拳上，掌指朝右成俯掌。目視前方，意在右拳。（圖115）

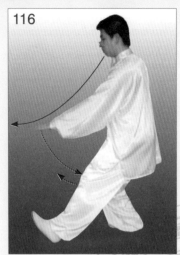

27. 摟膝指襠捶

（1）按掌提腕

上體微右轉，左腿上步腳跟著地成左虛步；同時左掌向前下方採按，置於左腳上方，掌指向前，右腕上提至右耳側，掌指向前，成側掌。目視前下方，意在左掌心。（圖116）

（2）右拳前伸

重心前移，弓左膝成左弓步；同時，右掌變拳向前下方舒伸，拳眼向上，拳面向前同小腹高，左掌收落至左膝外側成俯掌，掌指向前。目視前下方，意在右拳面。（圖117）

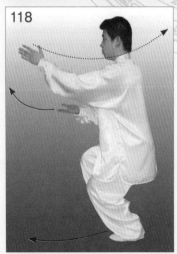

28. 扇通背

（1）左掌前伸

右腿上步至左腳內側；同時，舒左臂左掌外旋前伸成側掌，掌指向前，右拳變掌外旋收至左肋前，掌指向左成仰掌。目視前方，意在左掌心。（圖118）

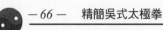

（2）右掌前按

上動不停右腳向左腳前方上步，腳跟著地後腳尖內扣，左腳尖外展，雙腳落實成馬步（胸向南）；同時左掌內旋向上向左至左額上方，指尖向右成反掌；右掌內旋向右側按出成立掌，臂直肘尖微垂腕與肩平。目經右食指尖遠視，意在右掌心。（圖119）

29.雲 手

（1）右掌下捋

重心左移於左腿成左側弓步；左掌外旋舒伸鬆落至左下方，腕與肩平，掌指向左成俯掌，同時右腕鬆力，右掌舒指向下向左畫弧經右膝上方至左膝上方，掌心對左肘上方成仰掌。視線由右手轉移至左手食指尖，意在掌心。（圖120）

（2）右掌平按

重心在左腿，右腳收至左腳旁，腳掌著地後踏實，左腳向左橫開一步，成右側弓步；右掌畫弧經左臂彎上方右前上方捋至身體右側，腕與肩平，掌指向右成俯掌；同時左掌外旋畫弧經左膝上方至右膝上方，掌指朝右成仰掌，意在右掌心。（圖121、122）

（3）左掌平按

　　重心左移成左側弓步；以下動作
左右對調後同本式（2）。（圖123）

（4）左掌下捋

　　重心在左腿，右腳提起向左橫移
至左腳內側，左掌下捋經左膝上方至
右膝上方，右掌內旋自左膝上方至右
前上方。（圖124）

30. 單 鞭

（1）右掌變勾

重心移向右腿，左腳虛著地，右腕鬆力，右掌變勾，右腕略高於肩，勾尖鬆垂向下，右臂微屈肘尖向下，左掌向上穿掤至右腕內側，掌心朝裏成側立掌。視線在左食指，意在右勾。（圖125）

（2）左掌左按

接上動，左腳左移一步落實成馬步（胸向南）；左掌向上方舒伸再內旋經面前畫弧至身體左側，左臂自然伸直，肘尖微垂，腕與肩平，掌心向外成側立掌，兩臂夾角約135度。目經左大指內側平遠視，意在左掌心。（圖126）

31. 下 勢

（1）右掌下捋

重心移至左腿，上體微右轉再左轉，胸向東成左側弓步；右腕鬆力右勾變掌，向下經右膝，向前經左膝，再向上舒伸至腕與肩平，右臂伸直，右肘微垂，掌指向前朝向正東，成側掌，左掌舒腕指與右掌一齊前伸至正東方，掌指向前，掌心朝右與右掌心相對亦成側掌，兩掌心間距與肩同寬。目視正東，意在掌心。（圖127）

（２）兩掌回捋

兩膝放鬆；上體右轉，重心移至右腿，右腿下蹲，上體正直胸向正南成仆步；同時，兩掌內旋翻轉成俯掌隨轉體和身體下蹲回捋下按，右掌置於右膝右前，左掌置於左膝右前，掌指均朝向正東。目視正南方，意在掌心。（圖128、129）

32．上步七星

（１）左掌前

左腳尖外展至正東，重心前移弓左膝扣右腳尖，上體左轉成左弓步；同時左掌外旋，掌指向前成側掌，右掌外旋成側掌，掌指向前置於左小臂下。目隨左掌，意在右掌心。（圖130）

（2）兩掌上掤

重心集於左腿，鬆右膝向正前方
上步，腳跟著地，腳尖微翹成右虛
步；同時左掌上掤，腕與肩高，右掌
沿左小臂下往前上方舒伸，右腕在
外，兩腕交叉置於胸前上方，高與肩
平，兩掌指向上成側立掌。目經兩掌
間遠視，意在掌心。（圖131）

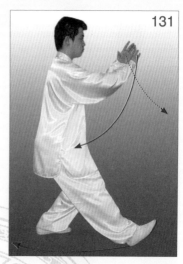

33．手揮琵琶

（1）撤步捋按

右腳向右後方撤步，腳掌著地，
腳跟微內收，重心稍右後移，右腳跟
落平成半馬步；身微右轉，胸向東
南，同時，左掌內旋成俯掌，捋按至
胸前，右掌外旋成仰掌，反採至腹
前，兩掌掌指向前。目隨左掌，意在
掌心。（圖132）

（2）左掌上掤

重心移向左腿，成左弓步；左掌
向前向左前方畫弧至正東偏北方與胸
高，右掌隨之，左腿直立身起，重心
集向左腿，右腳跟步至左腳右側，成
自然步，同時左掌外旋成仰掌，向左
上方舒伸約45度角，至左臂伸直，
食指尖與眼平，右掌內旋成側掌，微
後撤至右肋前，掌指向左，意在左掌
心。（圖133）

 精簡吳式太極拳分解動作

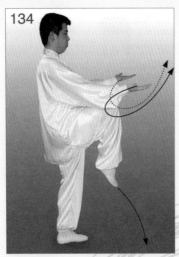

34.雙峰貫耳

（1）兩掌反採

右膝提起小腿自然懸垂，成獨立步；同時左掌下落，右掌外旋向上至胸前，兩掌指尖向上掌心斜向內兩掌與肩同寬；左腿屈膝，右腳向前方下落（正東），腳跟著地成虛步，兩掌以手背向下反採至胯旁。目視前方，意在兩腕。（圖134）

（2）弓步貫拳

弓右膝重心前移成右弓步；同時兩掌內旋，翻轉握拳，由體側畫弧合擊至面前，兩食指末端相對，間距頭寬，與耳同高。目視前方，意在雙拳。（圖135）

35.如封似閉

（1）兩拳變掌

重心後移至左腿成右虛步，右腳經左腳內側向右後方撤步，腳尖先著地，腳跟落實，重心後移至右腿，左腳尖翹起，成左虛步，同時，兩拳外旋變掌交叉相合在胸前（右掌在外），兩掌分至與肩同寬，兩肘尖向下分置肋前，兩掌指向上腕與肩高，兩掌心向內。目視前方，意在掌心。（圖136、137）

（２）兩掌前按

重心前移，弓左膝成左弓步，同時兩掌內旋成立掌，齊向前方按出，兩腕與肩同寬同高。目視前方，意在掌心。（圖138、139）

36．十字手收勢

（1）兩掌展開

　　右腳跟內收，左腳跟外展，兩腳尖均向南，同時右轉體約90度，弓右膝胸向南成右隅步弓勢；兩掌指向前微舒成俯掌，右掌走外弧線向右側分展，左掌與之相反，兩腕同胸高，掌指朝外。目視前方，意在掌心。（圖140）

（2）兩掌上挪

　　右腿直立，左腿隨身長起腳收至右腳左側成開立步，重心移至兩腿中間；兩掌同時外旋走外弧線上舉至極度，掌心相對與肩同寬成側立掌。雙目餘光上視，意在掌心。（圖141）

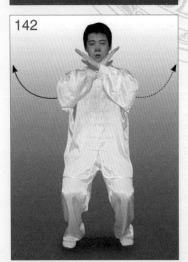

（3）兩腕交叉

　　鬆肩鬆腰鬆胯鬆膝，身體下蹲成馬步勢；兩肘下採，兩腕交叉於胸前。目視前方，意在兩掌。（圖142）

（４）屈肘雙分

重心不變，兩掌心翻轉向下成俯掌，屈肘與肩稍低，以肘尖引導向左右兩側橫開。目視東方，意在兩肘。（圖143）

（５）兩掌下按

重心不變，全身放鬆，提頂長身，緩緩立起，同時，兩掌指尖相對下按至丹田後向兩胯旁分開，指尖向前再向下。目視前方，意在掌心。（圖144）

（６）收腳還原

重心右移，收左腳於右腳內側，重心在兩腿間，兩掌放鬆，指尖下垂，視線緩緩收攏內視丹田，做深呼吸２～３次。（圖145）

太 極 推 手

　　學練太極拳主要分兩個階段，一是盤拳架、二是練推手。「盤拳架」能化掉僵勁，增加耐力，熟練各種勁和招法，穩定重心，用意不用力是練知己功夫。「練推手」能練用法、練技擊，練聽勁、懂勁、練反應能力，練沾黏連隨、不丟不頂，是練知彼功夫。久練可以達到「人不知我、我獨知人」的高深功夫。練拳架和練推手同樣重要。太極推手屬於競技運動，要講技擊。講用法、講太極「勁」，太極勁是在太極拳經典理論指導下而產生的，本篇在太極拳經典理論中，精選出36個與推手有指導作用的主要法則，作為理論依據，同時，在這些理論的指導下，結合陰陽變化學說，提出推手中的36勁和變勁方法，以及勁與勁的變化關係。供讀者在學練推手時參考。

（一）精選太極推手36個主要經典理論原文

1. 沾黏連隨，不丟不頂。
2. 彼不動，己不動，彼微動，己先動。
3. 動急則急應，動緩則緩隨。
4. 動之則分，靜之則合。
5. 內固精神，外示安逸。
6. 陰不離陽，陽不離陰，陰陽相濟方為懂勁。
7. 人剛我柔謂之走，我順人背謂之黏。
8. 本是捨己從人，多誤捨近求遠。
9. 偏沉則隨，雙重則滯。
10. 無過不及，隨屈就伸。
11. 步隨身變，力由脊發。
12. 立身須中正安舒，支撐八面。
13. 發勁須沉著鬆靜，專注一方。

14．曲中求直，蓄而後發。

15．蓄勁如開弓，發勁如放箭。

16．極柔軟，然後極堅剛。

17．收即是放，放即是收。

18．往復須有折迭，進退須有轉換。

19．虛中有實，實中有虛，左重則左虛、右重則右杳。

20．其根在腳，發於腿，主宰於腰，形於手指。

21．由腳而腿而腰，總須完整一氣。

22．向前退後，乃能得機得勢。

23．有不得機得勢處，身必散亂其病必由腰腿求之。

24．虛實應分清楚，一處有一處虛實，處處總此一虛實。

25．有上即有下，有前即有後，有左即有右。

26．如意要向上，即寓下意。

27．意氣須換得靈，乃有圓活之趣所謂變轉虛實也。

28．仰之則彌高，俯之則彌深，進之則愈長，退之則愈促。

29．虛領頂勁，氣沉丹田，不偏不倚，急隱急現。

30．人不知我，我獨知人。

31．一羽不能加，蠅蟲不能落。

32．牽動往來氣貼背，斂入脊骨。

33．氣以直養而無害，勁以曲蓄而有餘。

34．氣如車輪，腰如車軸。

35．有氣者無力，無氣者純剛。

36．牽動彼身借彼力，四兩撥千斤。

（二）太極推手中的36勁

　　太極拳是體、用結合的拳種，它既能強身健體，又能防身禦敵。走拳架，練套路是給推手打基礎，是練知己功夫。二人推手，是練知彼功夫。知己知彼，才能百戰百勝，而只走拳架，不練推手，不是太極拳家。太極推手是太極拳重要組成部分。本篇僅就太

極推手中的諸種勁法做一簡要分析。

太極推手是屬於競技武術，是科學性很強的搏擊運動。它講究戰略戰術，一個訓練有素的運動員，必須以太極理論武裝其頭腦。不但要懂得太極拳理論，並要熟練其用法，所以在盤架子熟練後，一定要練推手、拆拳、講勁、變勁，達到「以四兩撥千斤」之目的。

太極推手用勁方法甚多，僅舉其中36個主要勁法加以分解：

1. 變 勁

變勁，把它稱作諸勁之母，因各種勁法都是由變勁而來，太極拳講究後發先至之戰術，後發制人關鍵在變化上，顯然，變勁佔據了獨特的地位。太極分陰陽，強調虛實變化。一虛一實，一陰一陽的不斷變化，是太極拳的核心。它除了有手、眼、身法、步法的有機配合外，還必須變化在對方之前。在彼不動己不動，彼微動己勁已變，把對方打出。

變勁要掌握時間、分寸、火候，在瞬間變勁，才能抓到得機得勢。發落點對的良機，一舉而成。所以說變勁是十分重要的。太極本無法，動就是法。變勁為諸勁之母，非常切合實際的。變勁是靈活多變的，是一變再變、一變應萬變。它乃36計中的「瞞天過海」之計，在「人不知我，我獨知人」變化中，把人擊出。

2. 沾黏勁

主進攻，要發先黏，拳論講「我順人背謂之黏」，黏就是走，走即是黏，黏勁，是太極拳中的內勁，是帶著意和氣而成，實用中是不以用勁為主，所以沾黏勁是非常難練的，不經明師領練，是很難練到理想地步的。

3. 聽 勁

聽勁非用耳而聽之，聽勁全憑周身皮膚或毫毛細孔之感覺，聽勁是從沾黏勁而來，透過不丟不頂、反覆搓摸之後，皮膚毫毛產生一種獨特感覺，這種感覺是由全身放鬆、用意不用力（不用拙力）、精神集中，能聽出對方勁路，逐漸達到走化，方為走勁，才

稱懂勁。聽勁是太極推手中最基本的東西，也是比較難練的一種勁，它和變勁是相輔相成的關係，不能聽勁，怎能變勁呢？

4. 懂　勁

是從聽勁中而來，聽不出對方勁的來龍去脈，談不到懂勁，懂勁必須憑皮膚感覺中知道對方是什麼勁，發點和落點，才能正確掌握對方的變化，是化是打隨之而變，它才能在瞬間變勁、或借或發，一變應萬變，它也是既知彼也知己，才能佔不敗之地。

5. 掤　勁

是從裏向外向左或向右向上之掤均稱之為掤勁，是前掤後撐勁，即或身往後坐時也不能沒掤勁，掤勁在推手中是極其重要的。如無掤勁，兩人一搭手就得受制於人，就像皮球無氣一樣，一壓即癟，必被擊出，皮球氣很足，人若擊它可順勢而滾動，並順勢變為捋勁將人捋出，亦可變借勁而將人發出。

6. 擠　勁

是向前直力發人，其著力點，小臂和手背，可以單臂擠。也可以用另一手掌根向前發力，它是很隱蔽的手法，前肱部是虛勁，後手掌根著力後，二力相合，一舉成功，擠勁在對方用捋之後或借對方後退（坐）之機而發之。效果更佳。但發擠勁時，不能單用手背之力，應當以腰腿和全身之合力而發之。發擠勁時，脊背應有後撐之力，以防被對方借力。

7. 捋　勁

是從前向後或左右而捋之。捋勁發於掤勁之後，對方掤勁發至胸前時，則向左或右捋之，捋中含引勁，即捋時應向外引領，以防對方靠向自己身上。捋勁，全在腰胯旋轉，趁轉腰之機，將對方捋扔至身背後而跌出。

8. 按　勁

以單手或雙手向前向下為按。按勁中含有開合之意，先掀起引領對方失重，而後前按之。按勁是以腰腿勁，虛領頂勁，沉肩墜肘，含胸拔背，坐身鬆胯，身法要中正，按勁中可變截勁和沉勁。

9. 採 勁

以手抓執人之腕部或肘關節向下沉採，或以己手背向裏向下沉採，謂之反採。採勁不單用五指，而必須以腰腿之勁同時沉採方能生效。如採得勢，對方連根而起，趁勢發之，如拳式中的海底針下採，扇通背順勢而發之，採時應自身中正，氣沉丹田，鬆胯坐腿。採人只可單手沉採，使對方重心偏於一方，並加以意氣和眼神，否則收效甚微。

10. 挒 勁

橫挒、採挒、掤挒，在發勁將背時，瞬間變勁而發之。此勁不如掤、捋、擠、按、採、肘、靠勁熟習，但在推手中用此勁很重要。用得恰當，可使背勢變順勢，反擊作用甚大。用挒時兩人距離要近，不是手臂之力，全在腰腿功夫，身法要正，步法穩，發勁時應保持自己的中心，否則易被人所借，勢得其反。

11. 肘 勁

肘在屈使，發之凶猛，是近身可用。離人遠而發之無效，是二道防線。用途甚廣。當對方貼身以後，用手臂發之無力，用肘就非常得力，並且發之迅速，擊中的全是要害部位，如用肘擊心窩、軟肋等處，易於傷人，故應慎用。用肘仍須腰腿配合，如以右肘擊人肘要與右膝相合，身法配合，要含胸拔背，頂頭懸，帶意氣而行之。

12. 靠 勁

靠在肩胸，有肩靠、背靠、胸靠。靠勁遇大捋時用之最好，靠和硬撞不同，硬撞是死勁，太極拳的靠是意氣與腰腿相合，步法多用隅步或橫襠步、四六步前腳插襠內或腳後，以己腳鎖住對方之一腳，腰稍轉動對方即被靠出，靠勁發力快，是因為沾身而動，有雷霆萬鈞之勢，一發即成。但必須注意身法中正，提頂，眼神要盯住對方，以防對手還擊，反受其害。

13. 化 勁

化走圓，是代掤勁而不頂，向左或向右以腰為軸而轉動，能化

才能發，能化才能引，能引進落空，或順其來勁，給予加勁順勢而發之。化勁是由懂勁而來，是避重就輕之勢，拳論中說：「左重則左虛，右重則右杳」，但非懂勁之後，非能化之，所以，它和走勁又相似。

14. 走　勁

走勁是不頂，是後退。是從聽勁、懂勁而來，它與化勁相似，不知勁路是不知走向，上、下、左、右哪邊重，哪邊輕，可隨意變勁，順勢走化，能走化才能順勢而發之，所以，在走勁中必須含掤勁，走勁全憑腰腿功夫，身法，步法，左顧，右盼，活中有穩，否則，反被對方借力，事得其反。

15. 借　勁

借勁是上乘功夫，是四兩撥千斤功夫，拳論說：「牽動彼身借彼力」，借勁首要條件：必須讓對方動，才能在動中順勢而擊之，借勁是以小力勝大力，即以巧破千斤。用時無引勁，無拿勁，稍帶化勁，變勁要快，要閃電般的速度化而發之，否則，對方力大，勁到己身，是化不開更借不上。

這種勁對自身要求：必須做到手眼身法步配合輕便而靈活，沉肩墜肘，含胸拔背，尾閭中正，以意氣發出，尤須掌握時間和火候，所謂差之毫厘，即被對方發出，掌握這種功夫是很難的，要像煉鋼一樣的反反覆覆鎚煉，方能出來好鋼，這叫爐火純青。是要有堅強毅力，百煉成鋼的刻苦精神才行。

16. 拿　勁

拿勁在發勁之先，能拿才能發，拿法在太極拳中佔有重要地位。發之不中，都因拿之不準，拿和管相似，管不住也發不中，拿時動作要輕靈，能把對方拿發呆，瞬間而發之；發勁動作不輕靈，易為對方知覺，難以發出。發之也必在得機得勢，一發即成。拿法巧妙在於人不知不覺之中拿到即發之。拿人要拿人之活關節，如肩、肘、腕和手指。不然，易被對方化解，不能奏效，拿人必須有腰腿配合，不能單憑手拿，力拿。要有步法身法，離遠不行，方向

不對不行．身法不靈不行，拿之太死不行。拿法必須在意氣，手眼身法步相合，恰到好處之時拿即發之，方可生效。

17. 引　勁

此勁為引人而動，或引人入環把人引之圈內，或拿或發或借其力，可隨意變勁而發之，引中有虛，有實，有真引和假引。引到自己得機得勢而發之。又如假引之法：有引高而打低，引直而橫擊。引到「人不知我，我獨知人」，當對方被引進我之環內，我順人背而發之。所以說引在發之先，而引之先須有化，化中帶引，這就是太極拳虛實變化之理。引勁在太極推手中頗為重要。也很難掌握，它必須有腰腿功夫，否則難以奏效。

18. 截　勁

此勁是化中有打的一種攔截勁，在對方勁將至未至之時微引而發之，是對方來勁欲發而未發出，我勁即至彼身，快而促，剛不可化，截勁發人手、臂、肘、肩、胯、膝、腿、足周身各部位均可發之，充分體現處處是太極，處處能發人的太極拳的特點。截勁發人時，必須虛領頂勁，含胸拔背，沉肩墜肘，身法中正，精氣神集中，以腰腿勁而發之，此勁很難掌握。特別是：引化要小，反擊要迅速，時間要準確。否則很難奏效。

19. 長　勁

此勁和截勁相反，它是柔化慢而伸長之勁。如用截勁而未奏效，可變引化勁在不丟不頂的原則下，順其來勁繼續引化或繼續加力，以縮之越促，伸之越長，直逼敵無法化開我勁。而被迫退出或倒地。發長勁時全在變勁，長勁像黏膠一樣的沾黏著對方，順敵勁而變勁可以一變再變，直把敵變不能變而發之。發長勁時須沉肩墜肘，身法中正，保持自己重心，以腰腿勁發之。

20. 開　勁

開合二勁，有著相聯關係，像電控門一樣，人將至門前，門自動而開，人進門自動而合。開勁乃方勁，合而發之，其勢迅速而凶猛，時機必須適宜，如不恰當，反被敵所用，用開勁不能單憑手臂

之力，應用腰腿勁，距離不能太遠。在得機得勢恰到好處而發之。有時也可故意引進後而發之合於三十六計中的「欲擒故縱」之計。拳術中如白鶴亮翅、如封似閉等，均屬化中有發之意。

21. 合 勁

拳論中講「引進落空合即出」，它與開勁相反，開勁乃開展而引進為陽，合為陰，它是陰陽變化之原理。有開就有合，有合就有開。合為圓勁，亦即緊湊之意。開勁和發勁緊密相聯，一般情況均為先合後發之。合勁須虛領頂勁，沉肩墜肘，含胸拔背，身法中正，氣貼脊背，腰腿勁。在拳勢中如提手上勢、如封似閉等。

22. 沉 勁

此勁是鬆沉勁。非沉重之意，鬆沉勁是活勁。靈而不呆，非重也，重則滯。雙重為病，雙沉不為病，發勁能沉，則發之更遠，因丹田氣，由脊而臂而手達於敵身。使敵根斷，故騰空而起，被發出很遠。拳論中說「如意要向上，即寓下意」，先斷其根而後發之。

23. 提 勁

提勁是從下向上從低處向高處提拔，帶有黏勁，如拔草之勢。提其根起而隨勢發之，用時應順勢而行，否則易被人借，如體重者不易拔根。而其根偏移一方即可發之，發此勁非手臂之勁，而必須腰腿勁，特別是腿腳必須踏實，虛領頂勁，身法中正，丹田氣鬆提，眼神注視對方，大有拔樹提山之慨。但方向、距離、步法、身法，均須與對方合拍，方能奏效。提勁非藝高者不能做到。否則反為人乘機而入，學者慎用。

24. 托 勁

此勁在太極推手中用途甚廣，勁路是從下向上托起，有拔根掀起破壞敵重心之作用。托起後即變勁或左或右或前，借力而發之。用此勁全憑腰腿勁，非手臂之力。要提頂坐胯，中正安舒。垂肩墜肘，含胸拔背，在推手中破敵如封似閉，托敵兩肘可任意轉換，順勢而發之。

25. 抹 勁

是向前向左（右）向右（左）走半圓形謂之抹。左右手同時做兩臂交叉動作，可使敵頭朝下，腳朝上，倒栽蔥而倒地。此勢是從高探馬中變化而來，借助對方化勁，順勢而成。但對方體重過重者不宜使用。用此勢全在腰腿勁，距離要近，還要有手眼身法步法配合，方能奏效。

26. 滾 勁

是小臂外旋產生的滾軋勁，像碾米碾子一樣滾動，沉而靈，只要被滾軋上就難解脫，在太極推手中出現在大将和掩肘等動作中用法簡單廣泛。必須在得機得勢使用並易傷人。用此勁全在腰腿功夫，步法穩，身法正，鬆胯，轉腰，多以小臂和手背為宜。

27. 鑽 勁

此勁分內旋外旋，像子彈出膛一樣旋轉而出，像電鑽一樣鑽入敵身，拳和手指均可發出此勁，傷人內部。用時虛領頂勁含胸拔背，氣沉丹田，以意氣發放之。用之恰當地點準確者，很能傷人，故而初學者慎用，此勁不宜細傳。非經名師指點，方法也難以掌握。

28. 搓 勁

此勁係陰掌或陰拳相對像搓玉米棒一樣前後交叉相搓，是兩臂相合相生的勁，在敵臂翻滾之際，趁勢發之，它又和截勁相似，輕輕搓摸試探虛實和對方功夫深淺。產生的勁多居虛勁，是推手中不可少的一種勁，是虛中含實，實而不發。

29. 寸 勁

是短勁，拳打寸勁，指的就是此勁，代有突發性，它和長勁相反，此勁發勁速而促，在發落點對的時機瞬間而發，一發必成。發此勁，身法正，步法要穩，腰脊勁發之又須虛領頂勁，含胸拔背，沉肩墜肘，氣沉丹田、意、氣、力相合，發出整勁，方能有效。

30. 抖擞勁

此勁和寸勁、彈勁相似，發勁時有迅雷不及掩耳之勢，快而

促，將化即發，像弓拉滿箭即發，如吳式傳統拳：「兩腕前掤」就是此勁，發此勁，必須腰腿穩定，身法中正，鬆肩垂肘，提頂，含胸拔背，氣沉丹田，意氣集中兩腕，整體勁，兩腕一抖而出。

31. 攔勁

此勁屬化勁，是橫勁，破直勁上下左右均可使用，用法簡便，效果顯著，是化中有打，其中含有拿法，用此勁須注意敵勁變化，順勢而變，敵退我進，敵進我捋，或借勢變掤、而發之，要用腰腿勁，不要單憑手和臂攔截。變勁要快，身法要輕靈圓活，隨勢而發。

32. 穿 勁

此勁屬於進攻勁，有穿掤、穿靠二種，穿掤勁從下向前向上發勁之謂，穿靠勁從前向左或向右發勁，謂之穿靠勁。從裏向外向上穿出並代螺旋勁，快而銳，在得機得勢瞬間發出，效果頗佳。用此勁，腰腿勁，不能只憑手臂，發勁時，下身要穩，肩、胯、臂要合，提頂立腰身法正。

33. 撥 勁

乃橫化之勁，化中代打，順著來，橫著破，撥後借力而發之。在太極推手中常見此勁，如用得恰當，效果很大，它亦是多變之勁，可變捋勁，又可借力反擊。用此勁，應鬆腰落胯步法穩，虛領頂勁身法靈活，沉肩墜肘意氣領，變勁快，發勁整，威力非凡。

34. 探 勁

探勁是從內向外向前探出。此勁發出其快無比，威力甚大，很能傷人，一般情況禁用。

如吳式拳中的高探馬、楊式拳中的白蛇吐信等，用此勁應步法穩，懸頂立腰，含胸拔背，脊背後倚，意領神隨，氣貫指尖。平時習練，應點到為止，切勿傷人。

35. 撅 勁

此勁一般禁用，是直撅斷臂之含意（指肘關節），用於反關節時為多，或叫直後為槓桿，順勢而發之。是兩臂相合之勁，用之時

應步法穩定，鬆腰落胯，沉肩垂肘，含胸拔背，虛領頂勁，意氣隨。注意敵臂不直不能用，反之易被人借。

36. 纏絲勁

此勁分纏絲、抽絲。纏絲，像纏線球似從小纏，越纏越大，有纏繞之形。抽絲從內往外抽越抽越空，也是纏繞勁。與螺旋勁相似，很像步槍子彈出膛的（來復線）的旋轉而出。此勁在陳式太極拳中居多而明顯，其他太極拳亦有其勁，但多為暗勁不明顯，用此勁既能化又能發，用法多樣，可解拿法，有被人拿不住，拿人化不開順勢而發之功效。

此勁很厲害，用此勁必須手眼身法步緊密配合，特別是腰腿勁更主要，虛領頂勁，氣沉丹田，含胸拔背，沉肩墜肘，鬆腰落胯，襠撐圓。用之恰當，效果很好。

總之，太極拳勁法繁多，如：折疊勁、凌空勁、分勁、擦皮勁等，不一一贅述。

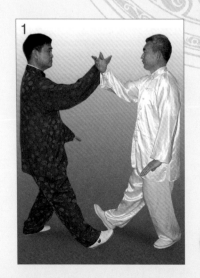

（三）太極推手教學基本方法

1．定步推手

（1）單搭手

甲乙二人對面站立，甲乙互出右腳，成右虛步。互出右手，手背相貼均含掤勁。（圖1）

①甲按乙挒（圖2、3）

甲弓右膝、成弓步，右臂內旋右掌向前按乙右腕；乙身後坐，成虛步，腰微右轉、臂內旋右掌向右挒甲右腕。

②甲擠乙按（圖4）

甲趁乙挒勢、身微前探，以右小臂擠乙前胸；乙在甲擠勁將至時，以右掌向下向前按甲右小臂。（圖4）

③乙按甲掤（圖5）

乙右掌繼續向前按甲右腕，同時向前弓步；甲掤變捋勢，身後坐成虛步，同時右掌變捋勢向右捋乙右小臂。如此互相掤、捋、擠、按反覆練習。（圖6、7、8、9）

④甲乙二人對面站立、互搭左手、互出左腳，其他動作與互搭右手相同。反覆練習。

（2）雙搭手

甲乙二人，對面站立

甲乙互出右腳、成右虛步。同時，甲乙右手互搭右腕，手背相貼左手互扶對方右肘。（圖10）

①甲掤乙捋（圖11、12）

甲微弓右膝，同時，右手向上向前掤乙捋勁，左手黏貼乙右肘隨動。

乙坐身，成右虛步，同時，右手捋甲右腕，左手隨右手動，微含胸並向右轉腰，成捋勢。

②甲擠乙按（圖13）

甲弓右膝成右弓步，順乙捋勢以右小臂橫於乙胸前，向前向下擠乙前胸，左手扶右小臂裏側助力。

乙坐身轉腰、右手向下、向前按甲右小臂。左手扶甲右肘。

甲乙二人右腳在前互搭左手。乙向前向上掤甲。（圖14）

①乙掤甲捋（圖15）

乙左手搭甲左手腕，右手搭甲左肘向前向上掤甲左臂。甲左手搭乙左手腕，右手扶乙左肘，向後坐身，向左向下捋乙左臂。

 精簡吳式太極拳

②乙擠甲按（圖16）

乙順甲捋勢，鬆沉左小臂，橫於甲胸前同時向前微向下擠甲前胸，右手扶左小臂內側助力。

甲身後坐，左手按捋乙左手腕，右手向下向左按乙左小臂。

2．活步推手

（1）甲乙二人互搭右手（圖17）

①甲進乙退

甲身微後坐，提右膝，右腳向乙右腳外側落步，同時右手捋按乙右手腕，左手扶乙右肘。（圖18）

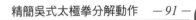

　　乙退右腳，左手掤甲左手腕，右
手扶甲左肘。

　　甲上左腳落在乙襠內（踏入中門）
成左弓步，右手按乙左腕，左手按乙
左肘。（圖19）

　　②乙進甲退

　　乙身微後坐，提左膝，左腳向左
前方，甲左腳外側落步，同時，左掌
捋按甲左腕。右手扶甲左肘。（圖20）

　　甲撤左腳，成右虛步，乙上右腳
踏入中門，左手扶甲右肘右手按甲右
腕。（圖21）

　精簡吳式太極拳

（2）甲乙互進

甲乙同時進右腳，再上左腳，二人同時左腳尖裏扣180度，大轉身成兩人面對面雙掤勢，動作互換，方向相反。（圖22、23）

3．大 捋

（1）甲撤步大捋，乙上步左靠

①甲身微左轉，右腳尖微裏扣，左腳向左後方撤一大步，成隅步，左手採乙左腕，右手背貼乙左小臂，成捋勢。（圖24）

②乙順甲挒勢，向右前方上右腳，再上左腳插入甲襠內，成橫襠步，同時左小臂橫於甲胸前，右手扶在左小臂內側助力。變成擠靠勁靠擊甲前胸。（圖25）

（2）甲按乙掤（圖26）
①甲向下向前按乙左腕和小臂，化開乙擠靠勁，同時，上右腳成自然步。

②乙被甲推按後、撤左腳，成自然步，同時，左手接掤甲左腕，右手黏貼甲左肘，形成雙掤勢。

（3）乙撤步大挒，甲上步左靠
①乙身微左轉，左腳向左後方撤一大步成隅步，左手採甲左腕，右手貼甲左臂，成挒勢。（圖27）

②甲順乙捋勢，上右腳再上左腳插入乙襠內，成橫襠步，同時以左小臂橫於乙胸腹前、右手扶貼在左小臂內側助力，形成擠靠勁。（圖28）

（4）換手乙按甲掤
①乙向下向前按推甲左腕和小臂化開甲擠靠勁，同時上右腳成自然步。
②甲被按推後，撤左腳，成自然步，同時，右手接掤乙右腕，左手黏乙右肘，形成甲乙雙掤勢。（圖29、30）

國家圖書館出版品預行編目資料

精簡吳式太極拳〈36式拳架、推手〉/ 柳恩久 主編
—初版—臺北市：大展 ， 2005【民94】
面 ； 21 公分 —（彩色圖解太極武術；15）
ISBN 957- 468-361-3 (平裝)
1. 太極拳

528.972   93023829

北京體育大學出版社授權中文繁體字版

精簡吳式太極拳〈36式拳架、推手〉ISBN 957-468-361-3

主 編 者 / 柳恩久
責任編輯 / 佟 暉
發 行 人 / 蔡森明
出 版 者 / 大展出版社有限公司
社　　址 / 台北市北投區（石牌）致遠一路 2 段 12 巷 1 號
電　　話 /（02）28236031‧28236033‧28233123
傳　　真 /（02）28272069
郵政劃撥 / 01669551
網　　址 / www.dah-jaan.com.tw
E－mail / service@dah-jaan.com.tw
登 記 證 / 局版臺業字第 2171 號
承 印 者 / 弼聖彩色印刷有限公司
裝　　訂 / 建鑫印刷裝訂有限公司
排 版 者 / 順基國際有限公司
初版 1 刷 / 2005 年（民 94 年）3 月

定價 / 220 元